井戸尻の縄文土器 7

下原遺跡、岩久保遺跡、中原遺跡出土土器
含：下原遺跡発掘調査概報

長野県富士見町井戸尻考古館 編

Jomon Potteries in Idojiri Vol.7
Shimohara Ruins, Iwakubo Ruins, Nakahara Ruins

Edited by
Idojiri Archaeological Museum
Fujimi-cho, Nagano, Japan

Texnai

長野県富士見町井戸尻考古館

　八ヶ岳西南麓では縄文時代（約 12,000 ～ 2,000 年前）の生活文化を伝える遺跡がこれまで多数発掘されてきました。館内には、富士見町内で発掘調査した資料のうち、2,000 点余りの土器や石器が年代順に並べられ、その移り変わりや用途を知ることができます。また、住居展示や食物・装身具なども併せて展示し、一見すればわかるように工夫されています。また、土器や土偶など図像の解読で明らかになった当時の宗教観や世界観・神話なども意欲的に解説しています。

　館外には、5,300 平方メートルの敷地に配石遺構のほか、栽培作物圃場・石器材料岩石園を設け、当時の食生活や農具の究明を行っています。また、史跡井戸尻には復元家屋が建ち、涸れることのない湧水の音に耳を傾けると、しばし縄文の世界に浸ることができます。考古館の隣には、この地域の民俗資料を収集した歴史民俗資料館が併設されています。

- 場所：〒 399-0101 長野県諏訪郡富士見町境 7053
  　　　TEL：0266(64)2044　FAX：0266(64)2787
  　　　E-mail：idojiri@town.fujimi.lg.jp
  　　　URL http://www.alles.or.jp/fujimi/idojiri.html
- 開館時間：午前 9 時～午後 5 時 (休 館 日：月曜日・祝日の翌日・年末年始)
- 鉄　道：ＪＲ中央本線信濃境駅下車 徒歩 15 分。
- 自動車：中央自動車道小淵沢 IC より信濃境方面へ 6 Km　約 15 分。
  　　　国道 20 号線上蔦木信号より信濃境方面へ 2 Km 上る　約 5 分。

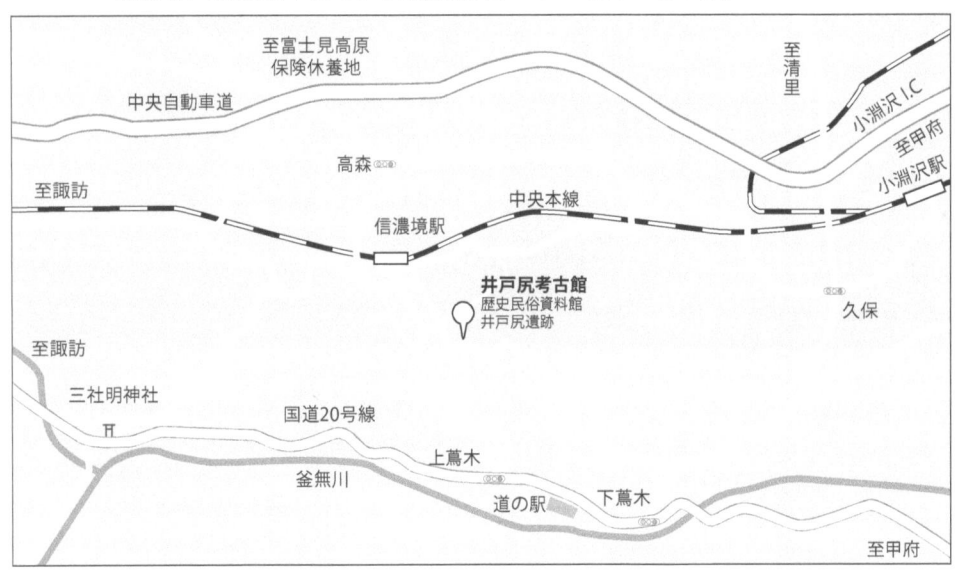

井戸尻の縄文土器 ⑦ 下原遺跡、岩久保遺跡、中原遺跡出土土器 含：下原遺跡発掘調査概報 ハードカバー版
Jomon Potteries in Idojiri ⑦　Shimohara Ruins, Iwakubo Ruins, Nakahara Ruins　Hardcover Edition

編者：長野県富士見町教育委員会 井戸尻考古館	Edited by Fujimi-cho Board of Education Idojiri Archaeological Museum
初版発行：2019 年 12 月 1 日	1st Edition: Published on December 1, 2019
印刷製本：IngramSpark, USA	Printed by IngramSpark, USA
発行所：株式会社テクネ	Published by Texnai, Inc.
神奈川県川崎市中原区宮内 4-7-3 - 505	4-7-3-505 Miyauchi, Nakahara-ku, Kawasaki, Kanagawa, Japan
Tel: 044-863-9545 Fax: 044-863-9597	Tel: 81-44-863-9545　Fax: 81-44-863-9597
e-mail:texnai @ texnai.co.jp　http://www.texnai.co.jp/POD/	
© 長野県富士見町教育委員会井戸尻考古館、2019	© Fujimi-cho Board of Education Idojiri Archaeological Museum, 2019

ISBN 978-4-909601-51-3

例　言

　井戸尻考古館では、主として縄文土器・土偶に関し、かねてより発掘資料の画像データベース化を進めてきたが、この度、一般向けに遺跡別の図録をオンデマンド出版のかたちで刊行することになった。本書はその第七巻で、下原遺跡、岩久保遺跡、中原遺跡出土の主要な縄文土器10点を収録したものである。同時に本書は下原遺跡の発掘調査概報として、調査の経緯や遺構図面も収録している。

　遺跡と発掘調査及び土器の解説は、当時調査を担当した井戸尻考古館の樋口誠司の監修のもと、小松隆史が執筆した。また土器は、すべて新しく実測、トレースした。なお、土器の縮尺は1/6に統一している。

　写真については画像データベース構築の際に撮影した多視点画像のうち、原則として土器ごとに約3点を選び、1ページに1点という方針で割り付けた。以下、解説、図、写真の著作者、表記について記す。

1．解説執筆者：小松隆史
2．実測図作成：樋口誠司、小林美知子
　　実測：樋口誠司
　　製図：小林美知子
3．多視点写真撮影：関浩明・平出教枝・鳥居　諭・深沢武雄／株式会社テクネ
4．表記方法は以下の通り。
　　1）方位は磁北を指す。
　　2）土器データ最終行のID番号は、井戸尻考古館画像データベースのID番号である。
5．制作：深沢武雄・平出教枝・鳥居　諭・浜崎　伸／株式会社テクネ

目　次

　下原遺跡と発掘調査-----5
　岩久保遺跡-----16
　中原遺跡-----17
　図録
　　深鉢（ふかばち）-----20
　　野稚文鉢（のづちもんばち）-----24
　　蛇文人面深鉢（じゃもんじんめんふかばち）-----28
　　菱形蛙文人面深鉢（ひしがたかえるもんじんめんふかばち）-----34
　　隻眼人面深鉢（せきがんじんめんふかばち）-----38
　　蛇文深鉢（じゃもんふかばち）-----42
　　猪龍文深鉢（ちょりゅうもんふかばち）-----48
　　雷文大深鉢（らいもんおおふかばち）-----52
　　神像筒形土器（しんぞうつつがたどき）-----56
　　有孔鍔付樽（ゆうこうつばつきだる）-----60

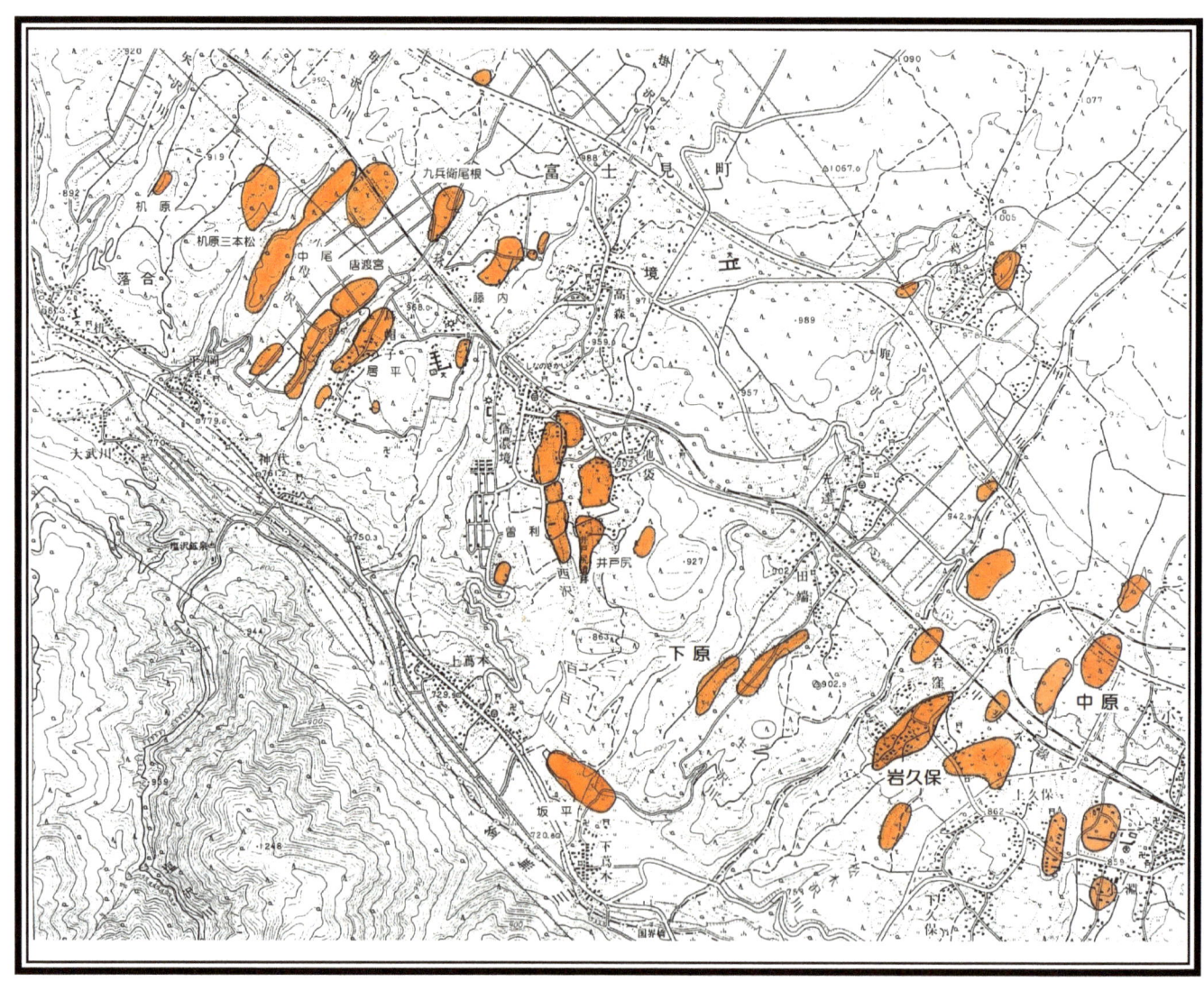
下原遺跡、岩久保遺跡、中原遺跡

下原遺跡と発掘調査

1．遺跡の環境と調査の経緯

(1) 遺跡の環境

　下原遺跡は八ヶ岳の南麓、北を鹿の沢川、南を生の沢川によって開析された、北東から南西方向にのびる尾根上に位置する。標高は遺跡の中心で850mほどになる。北東に八ヶ岳を背負い、西南に釜無川や甲斐駒ヶ岳が、尾根のやや上手からは南東に秀麗富士を望むことができる。また周囲には八ヶ岳起源の溶岩小円丘である通称「流山」が点在し、東に「森山」、北には「兵ヶ森」を見る。

　尾根は中沢川によって分けられ、西側の尾根に下原遺跡が、これに対峙するように東側の尾根に中原遺跡がある。またこの場所は井戸尻遺跡と岩久保遺跡のほぼ中間にあたり、鹿の沢川を越えて北西1kmほどで井戸尻遺跡、生の沢川と甲六川を越えて南東に900mほどで岩久保遺跡に達する。なお、ここでいう中原遺跡は後述する山梨県北杜市の中原遺跡とは別の遺跡である。

調査区近景（南西より）

(2) 調査の経緯と概要

　現在の富士見町田端区では、農業構造改善事業（圃場整備）に先立ち、中原・東原・森・小森、そして下原の各遺跡が発掘調査された。下原地区では平成4年8月4日から11月18日まで発掘調査が行われた。

調査区近景（北より）奥に甲斐駒ヶ岳

2．遺構と遺物

　縄文時代中期の中葉にあたる約4,800年～4,500年前の集落が発見され、住居址18軒、土壙90余基などが調査された。集落は墓と目される土壙群を住居が円環状に取り巻く「環状集落」と呼ばれるもので、下原では南側が開口する馬蹄形を成している。

　注目されたのは、住居に無造作とも思えるほどに集積された石器や土器のあり方と、ふつう集落からは一つないし二つくらいしか出土しないとみられている人面深鉢が、10個体分も出土したことである。また遺跡全体では100個体を優に超える膨大な数の土器が出土している。

下原遺跡と発掘調査

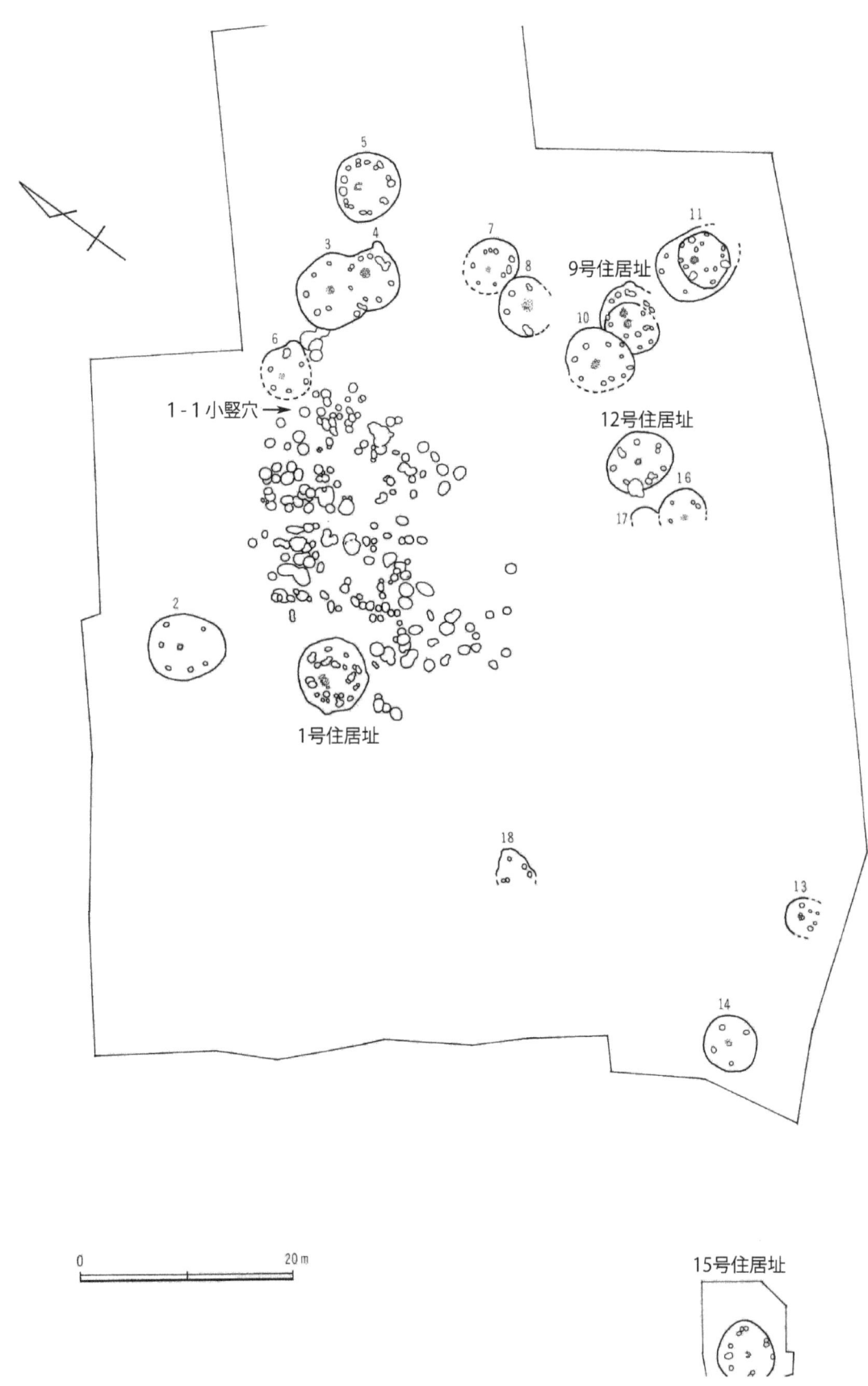

下原遺跡全体図 (1:600)

1号住居址

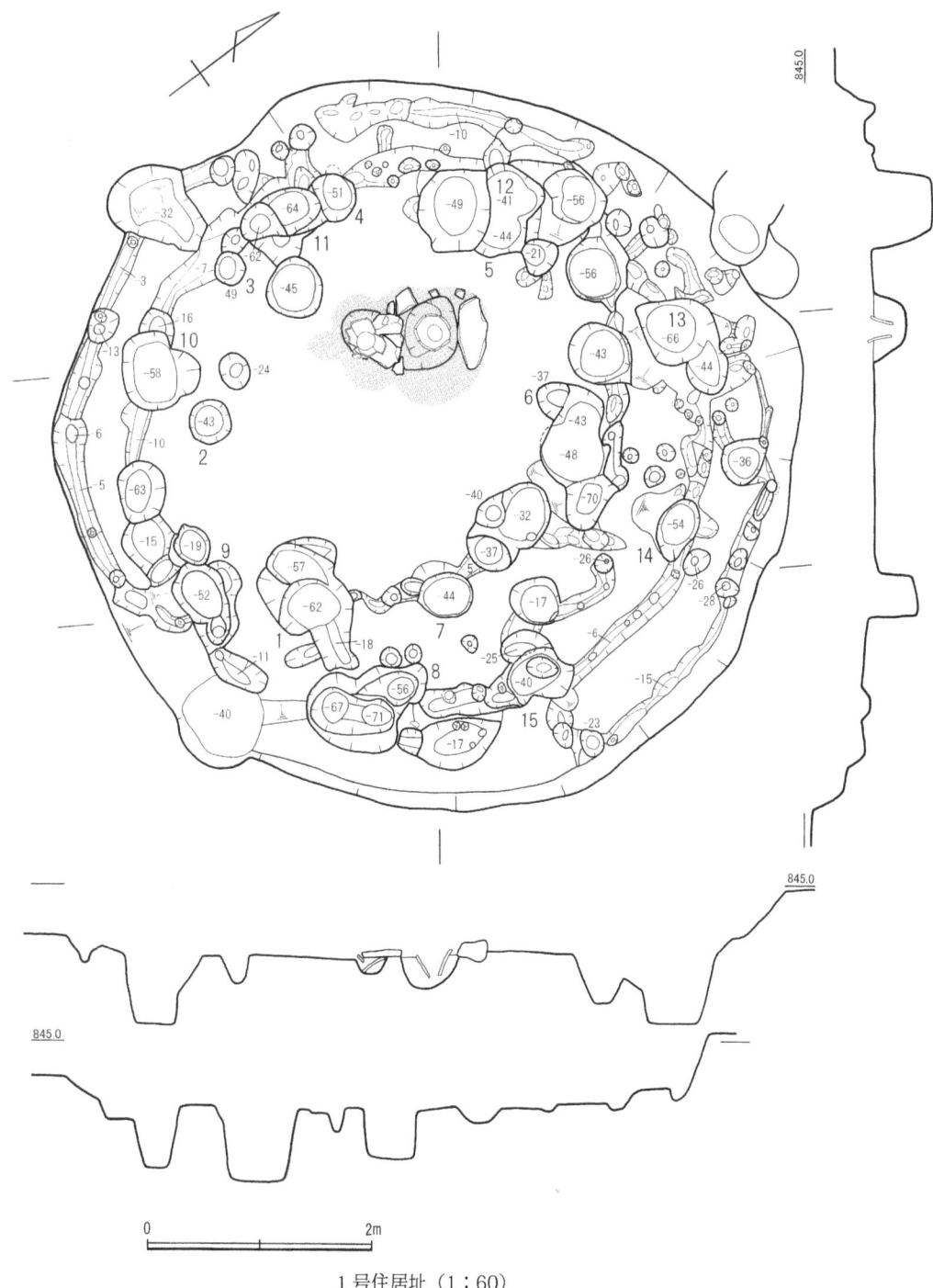

1号住居址（1：60）

　E17－G19グリッドにわたって発見された住居址。直径は6mを超え、掘り込みは40cmほどある大ぶりの住居址。埋甕炉と柱穴の様子から少なくとも新旧2時期がある。柱穴の切り合いと埋没状況から、内側の旧住がやや小ぶりで、その後拡張され新住居となる。主柱の内側に貯蔵穴が3基掘られていた。

　上面より石器・土器が数多く出土した。遺物は中央の黒色土上部に集積していた。石器は石鏃など打製石器類が多いのに対し、磨り石・凹石類は比較的少なかった。出土した土器から井戸尻式期の住居と判断された。

下原遺跡と発掘調査

1号住居址　遺物出土状態

1号住居址　上面

1号住居址（北西より）

1号住居址（北東より）

9号住居址

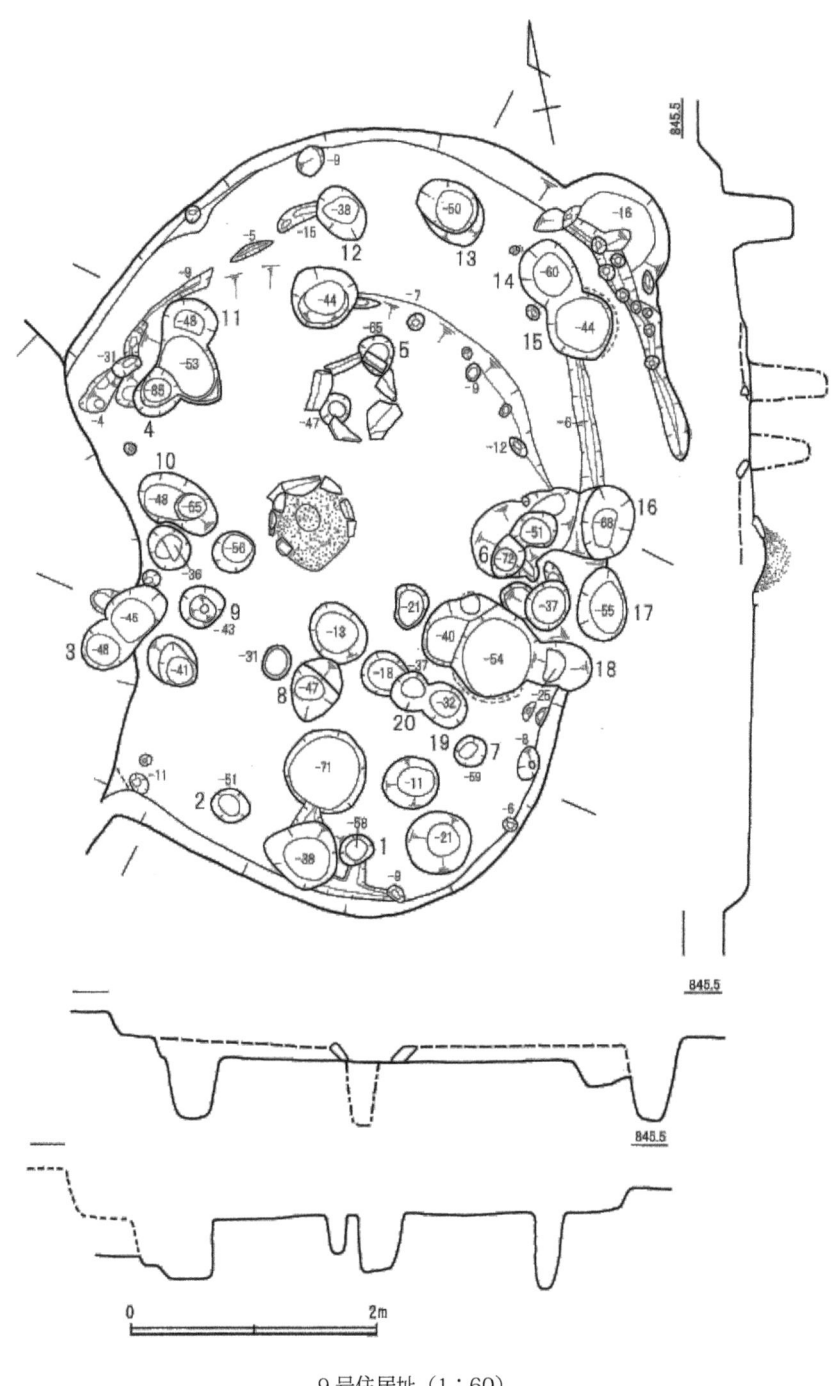

9号住居址（1：60）

　L25－M26グリッドに発見された住居址。5×6mの規模だが、主軸が東西にずれてそれぞれの石囲炉と柱穴が遺存しており、新旧の2時期があることがわかる。

　堆積土中には遺物の集積がみられ、大ぶりの人面深鉢（p.34, ID-052）が出土している。縦に割り裂かれるように横倒しの状態で、土器の前面と人面がつく後面がややずれて出土している。この人面深鉢は井戸尻Ⅰ式とみられるが、他の遺物から本址は藤内Ⅱ式期の住居だと判断される。

9号住居址　遺物出土状態

9号住居址　人面深鉢出土状態

9号住居址　上面

9号住居址（南より）

12号住居址

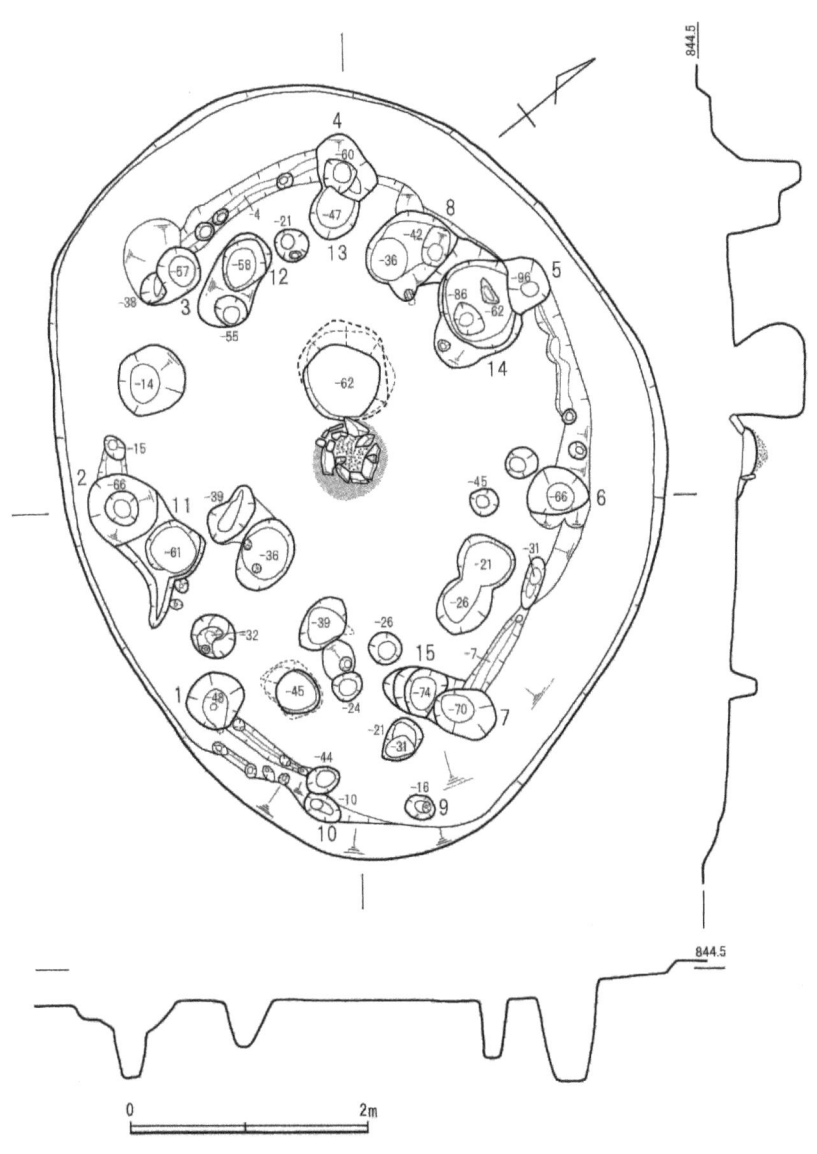

12号住居址（1：60）

　L22－N23グリッドにわたって発見された。平面形は長軸6.5m、短軸5mの卵型で、7本の主柱とそれぞれを結ぶ溝、その外周が一段高くなる藤内式期に特徴的な構造の住居址である。溝の内側にはいくつかの貯蔵穴と思しき穴があり、壁は2箇所で墓壙に切られている。

　多くの土器や礫に混じり、人面深鉢（p28，ID-025）と野椎文鉢（p.24，ID-047）が出土した。藤内Ⅱ式期から井戸尻Ⅰ式期の住居址である。

下原遺跡と発掘調査

12号住居址　遺物出土状態

12号住居址　人面深鉢出土状態

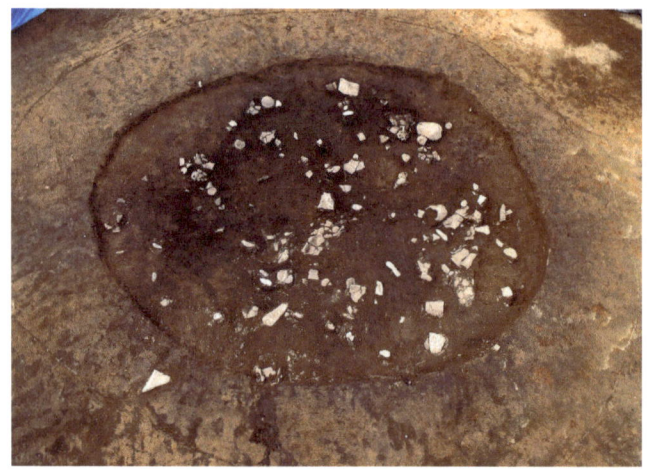
12号住居址　上面

12号住居址　（北西より）

15号住居址

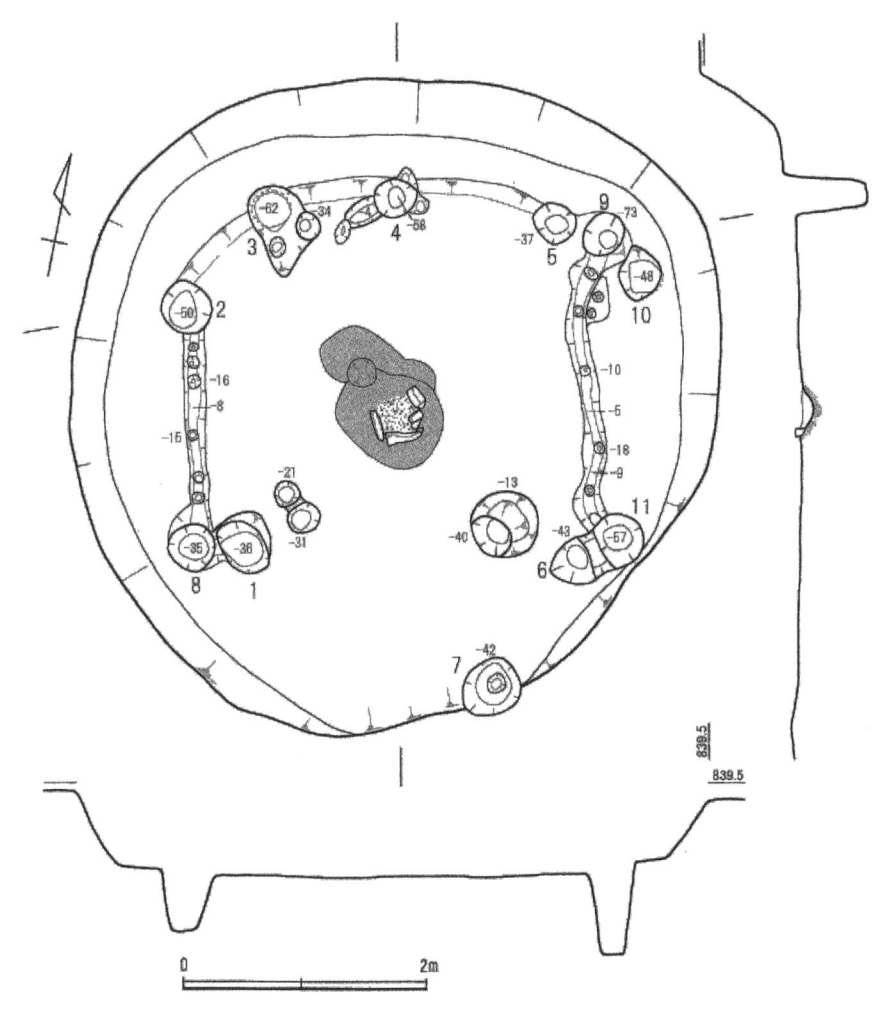

15号住居址（1：60）

　3137番の水田、集落の中心から南東にポツンと一軒だけ離れて発見された。P2－Q3グリッドにかかる場所である。直径が5.5mほどの円形の住居だが、東南側が少し潰れたような形になる。主柱は5本だが、主柱を結ぶ溝が切れる南側が入口だとすれば、ここにひとつある柱穴が入口部の柱穴となる。
　石囲炉の奥の床面が焼けており、浅い窪みがある。石囲炉に先行する旧い炉であろう。
　遺物は少ない。唯一、床面に横たわっていた土器（p.20，ID-057）が完全な形に復元された。出土土器から藤内Ⅰ式期の住居である。

15号住居址　遺物出土状態

15号住居址（北より）

小竪穴群

住居群の内側に墓壙と考えられる 90 余基の小竪穴が発見された。住居址が北東側に多いのに対して、小竪穴は直径 10m を少し上回る中央広場の北西側に集中している。

1 号小竪穴

直径 110㎝、深さは 20㎝ ほどの円形で、小ぶりの人面深鉢（p.38, ID-026）が細かく割られて横たわっていた。墓穴と目される。

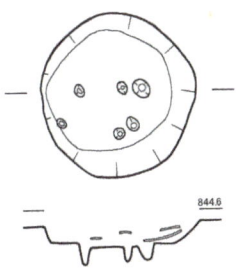

1 号 小竪穴（1：60）

1 号小竪穴　人面深鉢出土状態

1 号小竪穴（北より）

岩久保遺跡

1．遺跡の環境と調査の経緯

（1）遺跡の環境

　岩久保遺跡は、北杜市小淵沢の岩窪地籍にある。中原遺跡の南西にあり、標高は850mほどである。西には山梨・長野県境となる甲六川が南流し、釜無川に注いでいる。遺跡は東西200m、南北600mに広がる大規模な集落である。

　現在は宅地化も進んでいるが、小淵沢町内では中原遺跡と並び、古くから縄文時代中期の遺跡としてよく知られていたようだ。昭和34・35年に地元の少年により住居址が発見され、井戸尻遺跡保存会の武藤盈氏が再調査を行った記録が報告されている。

（2）調査の経緯と概要

　富士見町と北杜市（旧小淵沢町）は、行政区分上は県をまたいでいるが、長野県との県境に近いあたりには、富士見町境地区の住民の土地が多かった。そのような事情もあり、遺跡内に畑を所有する方が、耕作中に多量に出土する遺物を井戸尻考古館に持ち込むことは、ごく自然な事だった。

2．遺構と遺物

　ここで紹介するのは、個人から寄せられた資料である（p.52，ID-054）。昭和40年代後半、井戸尻考古館の旧館時代に平出高平氏が「畑からでかいものが出てきた。なんとかしてくれ。」と持ち込んだものだという（武藤雄六）。高平氏の畑は遺跡のちょうど真ん中あたり、幅の最も広い場所にあたる。現在その詳細な地点までは特定できない。

岩久保（東より）

岩久保（南より）

岩久保（土器出土地周辺）

中原遺跡

1．遺跡の環境と調査の経緯

（1）遺跡の環境

　長野県富士見町の境地区、下原遺跡の東に中原という遺跡があるが、ここで記述する中原（なかはら）遺跡は下原から3.5kmほど西、山梨県北杜市小淵沢に所在する。遺跡の一部は中央自動車道の開設に伴って発掘調査されており、小淵沢インターチェンジを降りて県道に向かう、その正面の尾根が中原遺跡である。

（2）調査の経緯と概要

　中原遺跡は昭和47年に中央自動車道建設、平成に入ってからは個人住宅建設に先立つ発掘調査が行われているが、今回紹介するのはこのような組織的な発掘調査ではない。先述した岩久保遺跡と同様、個人の発掘によるものである。

2．遺構と遺物

　中原遺跡では表土が薄く、「埋没している住居址の輪郭が見えた」と武藤雄六は話す。これは耕作をしていた土地の所有者たちも認識していたようで、そこから土器などが多く出ることから、耕作の邪魔になり、畑の隅に積み上げたり、先述のように知人を通して井戸尻考古館に持ち込まれたりしたようである。また、時には考古学に関心を持つ熱心な親族が、畑の所有者の同意のもとで発掘をすることもあった。このような経緯を経た複数の遺物が井戸尻考古館には所蔵されている。

　その一つが平出尊治氏の畑から出土した土器（p.56, ID-058）である。この平出家はかつて原村教育委員会で文化財保護の任についていた平出一治氏の御母堂の生家である。その縁で一治氏が発掘を行った際に出土している。

　いま一つは大ぶりの有孔鍔付土器（p.60, ID-053）でこちらは尊治氏の畑の東、平出庄二郎氏の畑から掘り出された。連絡を受けた井戸尻遺跡保存会の小林泰氏と武藤雄六が現場に赴き、「もっこ」に入れて二人で棒の前後を担ぎ、線路を歩いて運んだそうである。その際に前を行く小林泰氏が小柄であったため、そちらに重みがかかって気の毒なことだった、と武藤は回想している。

中原 近景（南より）

中原（台地上　南より）

中原（北より）

中原（土器出土地周辺①）

中原（土器出土地周辺②）

図　録

深鉢（ふかばち）
下原遺跡（しもはらいせき）
藤内Ⅰ式
下原遺跡第15号住居址
平成4年（1992年）　発掘
縄文中期中葉
約4700年前
54.5㎝（高さ）、35㎝（口径）
未報告
ID-057

　口縁がゆるやかに開く、煮炊き用の土器。底から15㎝ほどは明褐色に焼け、その上部は黒く煤けている。内面の底近くにはおこげが付着し、口縁近くまで肌荒れしている。
　輪積み痕と指頭圧痕を全面に残し、口唇に少し捻ったように突出する隆線は緩くうねって垂下する。その隆線上もまた指で押さえられている。
　隆線の突出部の形状や指頭圧痕の残る器面、器形など全体的に少し古手な印象があり、藤内Ⅰ古式に属するかもしれない。

（井戸尻考古館　小松隆史）

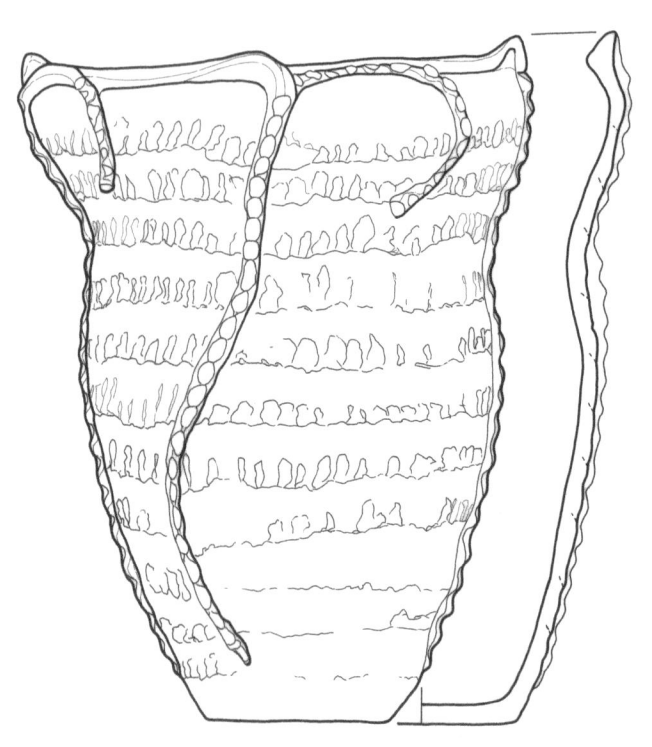

深鉢（ふかばち）

深鉢（ふかばち）

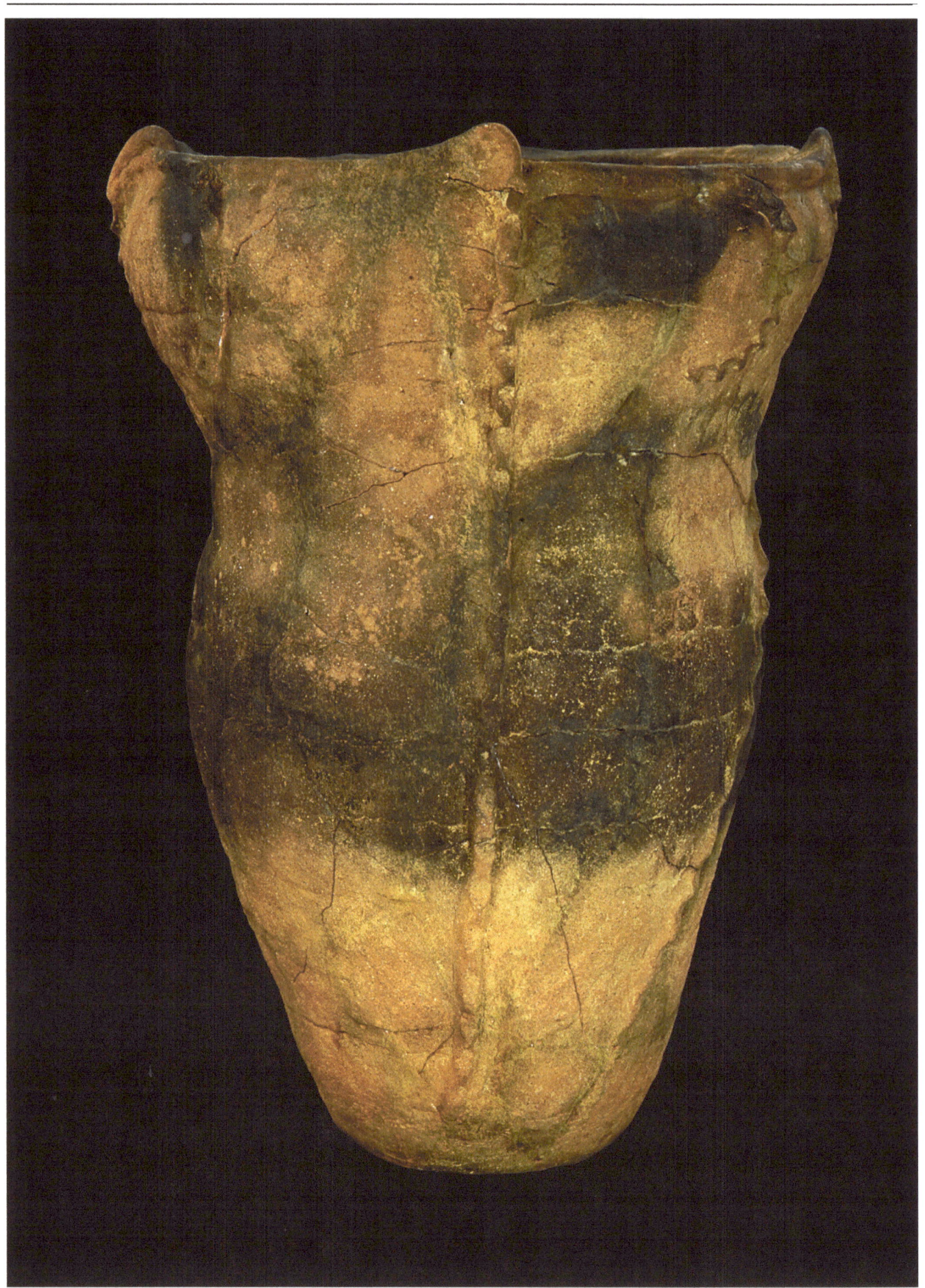

深鉢（ふかばち）

野椎文鉢（のづちもんばち）
下原遺跡（しもはらいせき）
藤内Ⅱ式
下原遺跡第12号住居址
平成4年（1992年）発掘
縄文中期中葉
約4600年前
15.3cm（高さ）、16.2cm（口径）
未報告
ID-047

　ころりとした鉢型の土器。口縁近くに煤が付着し、内面の一部におこげがみられることから、煮炊きに用いられたことがわかる。
　口縁は素文だが細かな縄文が器面を覆い、数字の6を書くようにとぐろを巻いて口縁に顔をのぞかせる一匹の蛇が目を引く。蛇頭は丸みを帯び、胴の鱗は押し引きで表現されている。矢印のような三角形の頭部をもつことが多い中で、この蛇は愛らしくもあるが、丸い頭部と太く短い胴体をもつ様は、蝮を象っているとも言えるだろう。神話に見る野椎（のづち）の神の姿であろうか。

（井戸尻考古館　小松隆史）

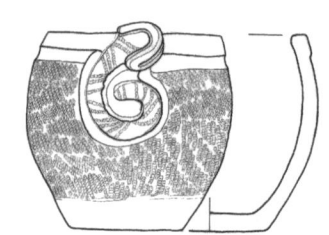

野椎文鉢（のづちもんばち）

野椎文鉢（のづちもんばち）

野椎文鉢（のづちもんばち）

蛇文人面深鉢（じゃもんじんめんふかばち）
下原遺跡（しもはらいせき）
井戸尻Ⅰ式
下原遺跡第12号住居址
平成4年（1992年）発掘
縄文中期中葉
約4500年前
36cm（高さ）、20cm（口径）
未報告
ID-025

　口縁に人面を頂く煮炊き用の土器。胴部がやや張り、素文で"く"の字形に屈曲する口縁が開く。内面は一部に黒斑があるが、おこげと呼ぶほどではない。
　人面深鉢がこのように復元されることはごく稀で、たいていは人面の部分だけが分離して、本体不明なままに出土する。全体が擬人化され、人面は母神の顔である一方、生まれ出ようとする赤ん坊、あるいは稚児の顔となっている。こうした造形は日本神話で食物神でありながら殺されてなお屍に作物などが化生（けしょう）したオホゲツヒメまたはウケモチの神、あるいはワクムスヒ（稚産霊）の神の面影によく符合する。

（井戸尻考古館　小松隆史）

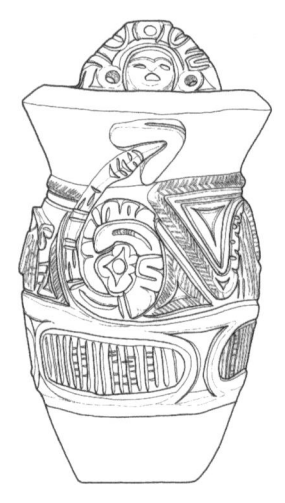

蛇文人面深鉢（じゃもんじんめんふかばち）

蛇文人面深鉢（じゃもんじんめんふかばち）

蛇文人面深鉢（じゃもんじんめんふかばち）

蛇文人面深鉢（じゃもんじんめんふかばち）

蛇文人面深鉢（じゃもんじんめんふかばち）

菱形蛙文人面深鉢（ひしがたかえるもんじんめんふかばち）
下原遺跡（しもはらいせき）
井戸尻Ⅰ式
下原第9号住居址
平成4年（1992年）発掘
縄文中期中葉
約4500年前
59㎝（高さ）、34㎝（口径）
未報告
ID-052

　大ぶりな人面深鉢。内面の底近くにはおこげ状の黒色のこびりつきがあり、煮炊きに用いられたことが知られる。

　人面部はこの時期にしては小ぶりで、顔が突き出た様子は獣面に近い雰囲気をもつ。背面も半球状にはならず平ら。左右から伸びる隆線が巻いて接し、両目をなしている。またそこから垂下する隆線の下端には二つの刻みがあり、あたかも鼻のように見える。

　人面の下には双環と菱形の蛙文があり、人面の反対側はその菱形が半身となった蛙文となっている。円環や紡錘形で表現される蛙が、菱形で表現されることがあり、これはそれと同様の姿である。半身菱形蛙文の双環の上面、口唇部には三角形の陰刻が施されている。

（井戸尻考古館　小松隆史）

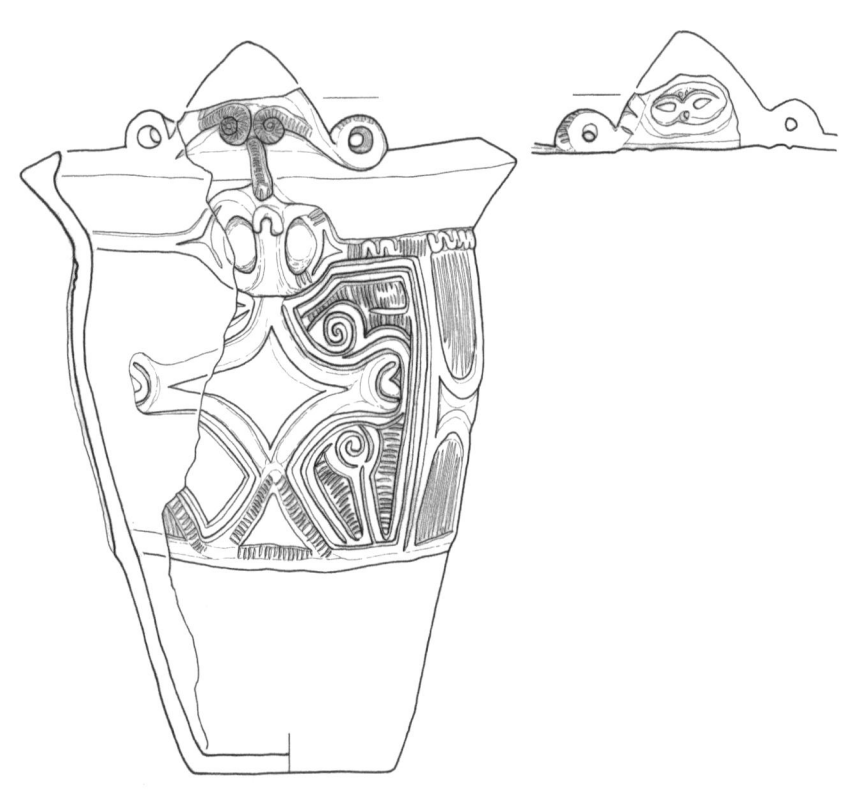

菱形蛙文人面深鉢（ひしがたかえるもんじんめんふかばち）

菱形蛙文人面深鉢（ひしがたかえるもんじんめんふかばち）

菱形蛙文人面深鉢（ひしがたかえるもんじんめんふかばち）

隻眼人面深鉢（せきがんじんめんふかばち）
下原遺跡（しもはらいせき）
井戸尻Ⅰ式
1－1号小竪穴
平成4年（1992年）発掘
縄文中期中葉
約4500年前
36㎝（高さ）、20㎝（口径）
未報告
ID-026

　小ぶりの人面深鉢。"く"の字形に屈曲する口唇部の鋭いつくりなど、小さいながらも丁寧な仕事がなされている。内面の底近くに黒斑がある。
　人面の造形は小さな半球で、右側面は弓なりに切られている。これは通常の人面表現の左半分だと言えるため、隻眼人面としている。突き出た左目は望月または太陽をあらわし、弓なりの形が右目、朔月または月を表徴しているとみることができる。また人面の裏側には双環を眼とする半人半蛙文が造形されている。
　土器全体の佇まいは、山梨県北杜市の原町農業高校前遺跡に類例があり、また人面に対向する口唇には伊那市月見松遺跡出土の人面深鉢に通じる、鋭い陰刻がある。
（井戸尻考古館　小松隆史）

隻眼人面深鉢（せきがんじんめんふかばち）

隻眼人面深鉢（せきがんじんめんふかばち）

隻眼人面深鉢（せきがんじんめんふかばち）

41

蛇文深鉢（じゃもんふかばち）
下原遺跡（しもはらいせき）
井戸尻Ⅲ式
下原第1号住居址
平成4年（1992年）発掘
縄文中期中葉
約4400年前
26.5cm（高さ）、25.5cm（口径）
未報告
ID-036

　玉葱のような丸みを帯びた底部から全体が開くような形状の深鉢。橋のような立体的な造形があり、あたかもジョッキの把手のよう。片面のみに遺存するが、本来は両側にあったかもしれない。内面は黒く、底近くにおこげが付着する。
　四方に蛇体表現があり、向かい合う一対は蛇の交尾をあらわすように絡む二条の胴をもち、橋のように這い上がる一対は頭があり、目のように突き出た表現がみられる。この蛇頭の上に突き出た口縁そのものも、口を表す切込みがあり、大きな蛇頭表現となっている。

(井戸尻考古館　小松隆史)

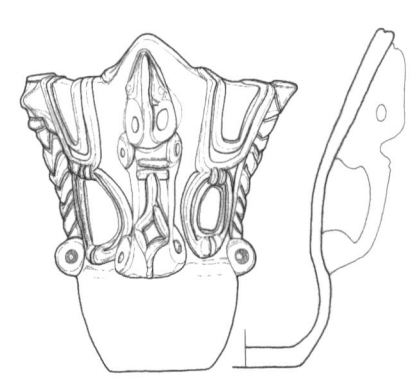

蛇文深鉢（じゃもんふかばち）

蛇文深鉢（じゃもんふかばち）

蛇文深鉢（じゃもんふかばち）

蛇文深鉢（じゃもんふかばち）

蛇文深鉢（じゃもんふかばち）

猪龍文深鉢（ちょりゅうもんふかばち）
下原遺跡（しもはらいせき）
井戸尻Ⅲ式
下原遺跡第1号住居址
平成4年（1992年）発掘
縄文時代中期中葉
約4400年前
38.1cm（高さ）、29.7cm（口径）
未報告
ID-037

　算盤玉状の底部から逆三角に開き、口縁が"フ"の字状に折り返される深鉢。内面くびれの下、底近くにおこげがみられる。
　藤内式期の蛇文深鉢（井戸尻の縄文土器④ ID-019）の流れをくむもので、広い口縁に蛇頭が進化し、猪と蛇の特徴を併せもつような造形が立ちあがる。そのさまはもはや蛇とは言えず、猪龍（ちょりゅう）と呼ぶのが相応しい。おしいかな頭部を欠く。胴部には蛇体が垂下し、尾が鍵形に曲がる。真上から見ると、猪龍の左右に一対の嬰児の腕が描かれている。これは古い月を抱く新しい月の図像である。また猪龍の向かいにはこの嬰児の腕に抱かれるような上向きの人面も見える。

（井戸尻考古館　小松隆史）

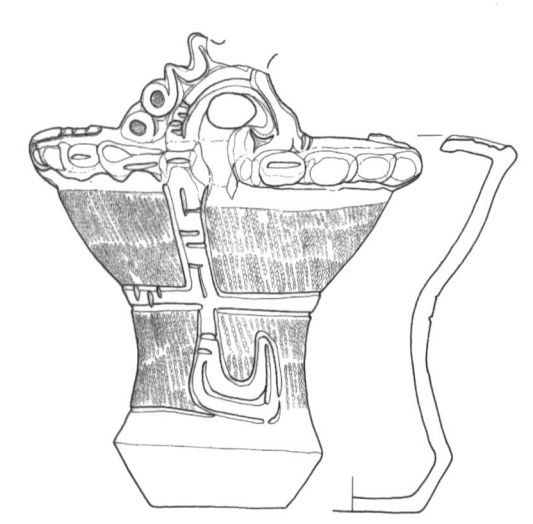

猪龍文深鉢（ちょりゅうもんふかばち）

猪龍文深鉢 (ちょりゅうもんふかばち)

猪龍文深鉢（ちょりゅうもんふかばち）

雷文大深鉢（らいもんおおふかばち）
岩久保遺跡（いわくぼいせき）
井戸尻Ⅲ式
耕作により出土
縄文中期中葉
約 4400 年前
76㎝（高さ）、44㎝（口径）
未報告（『小淵沢町誌』上巻に遺物紹介あり）
ID-054

　大形の筒形で、重厚な印象の土器。内面はやや荒れていて、底近くに黒斑がある。
　文様も全体的に大ぶりで、厚みのある素文の口縁の下は三段の横帯に画されている。波打った口縁が四単位のゆるやかな山になるその下には、W字形の隆線を基本とした文様がある。そして何より胴部には横長の楕円区画が五単位で三段あり、周囲を睥睨するかのようである。上二段の区画の中は一対の方形の渦巻きで、雷文と呼んでもおかしくない。最下段は表現が異なり、渦をなさない区画が多い。

（井戸尻考古館　小松隆史）

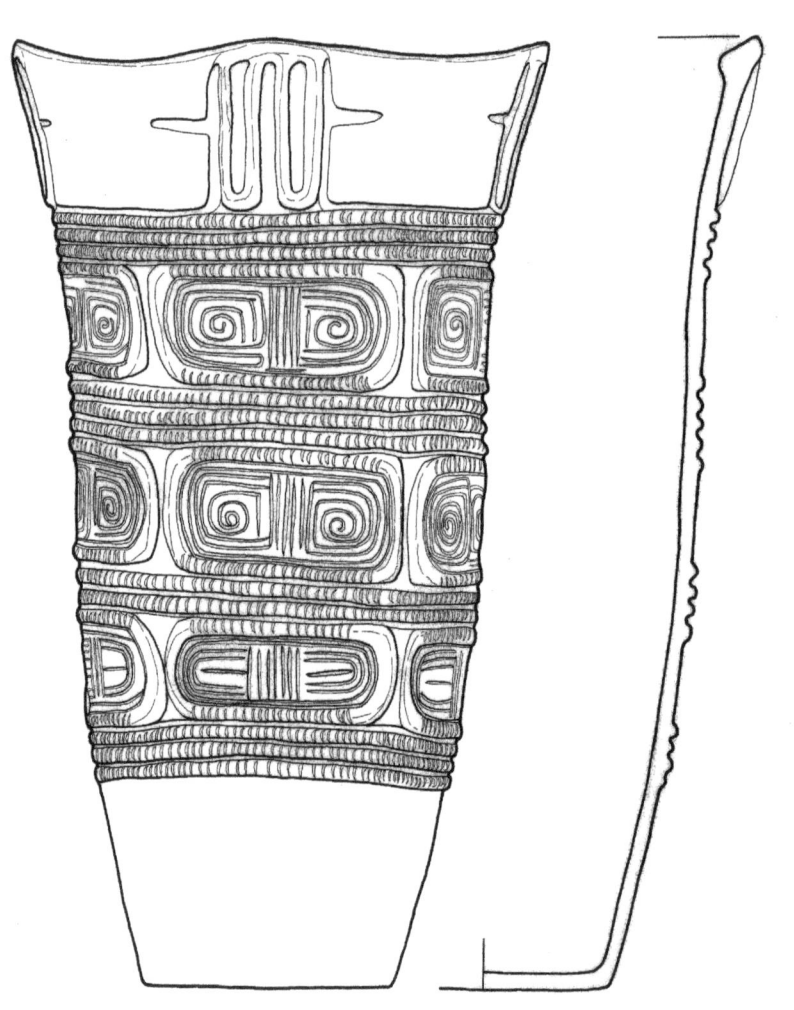

雷文大深鉢（らいもんおおふかばち）

雷文大深鉢（らいもんおおふかばち）

雷文大深鉢（らいもんおおふかばち）

神像筒形土器（しんぞうつつがたどき）
中原遺跡（なかはらいせき）
藤内Ⅰ古式
個人蔵　発掘状況の詳細は不明
縄文中期中葉
約4700年前
56.2㎝（復元高さ）、24.5㎝（口径）
未報告
ID-058

　精巧な作りの筒形土器だが、おしいかな胴下半を欠く。内面は非常にきれいで、おこげや荒れはみられない。古式の縦帯区画文土器で、口唇直下には北陸の新崎式土器に特徴的な蓮華状文の名残がみられる。
　土器の器面に貼りつくような神像の頭部は双眼で、大きく張った肩の表現があり三本指の手をもつ。腕の付け根には穴がつくられ、これは藤内遺跡の神像筒形土器（井戸尻の縄文土器① ID-038）の肩と腋窩の表現に通じる。
　縦帯区画文と神像の両方の成立を知る上で極めて重要な意味を持つ土器である。

(井戸尻考古館　小松隆史)

神像筒形土器（しんぞうつつがたどき）

神像筒形土器（しんぞうつつがたどき）

神像筒形土器（しんぞうつつがたどき）

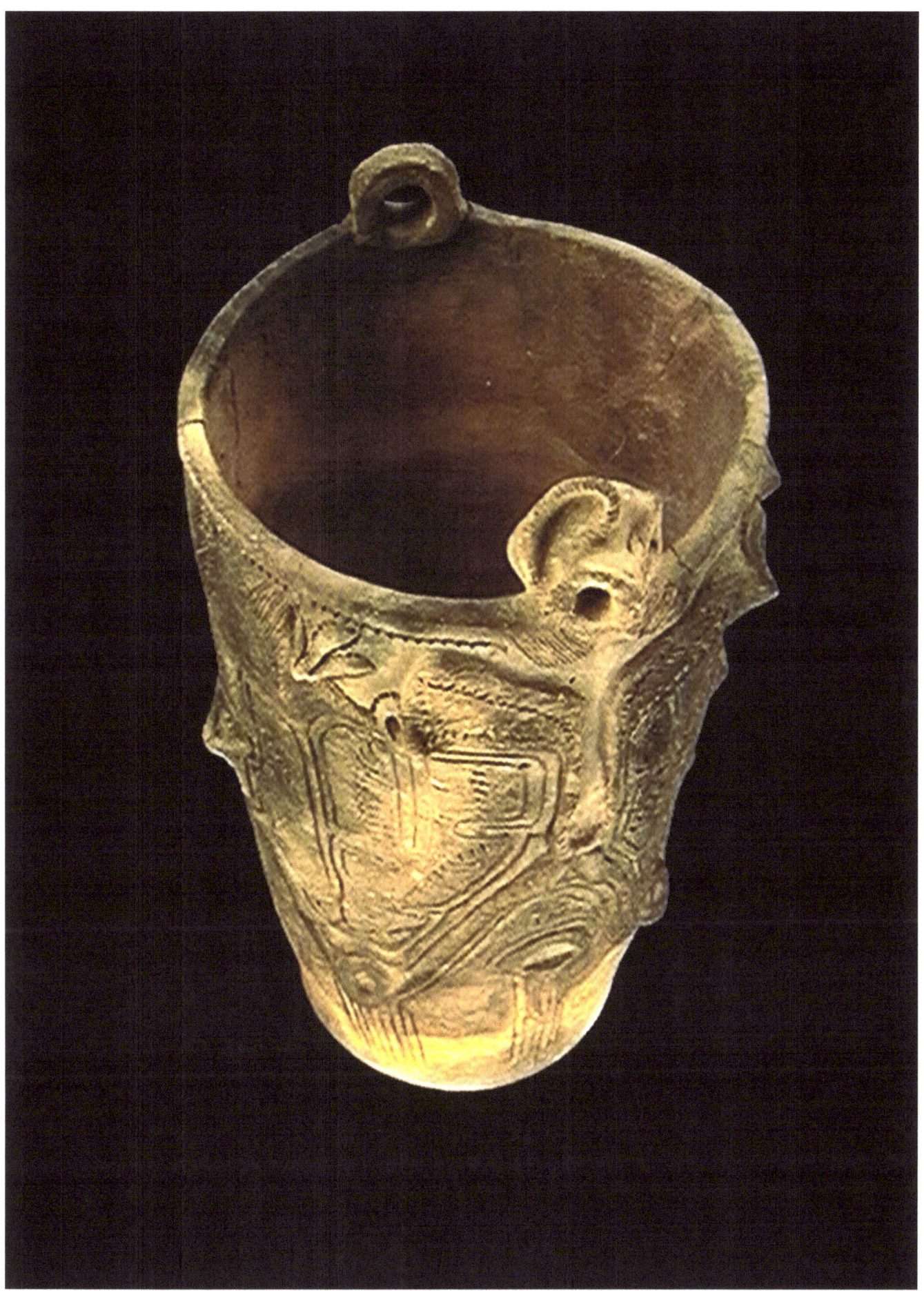

有孔鍔付樽（ゆうこうつばつきだる）
中原遺跡（なかはらいせき）
井戸尻Ⅲ式
発掘状況の詳細は不明
縄文中期中葉
約4400年前
57cm（高さ）、22.5cm（口径）、54cm（胴径）
ID-053

　重量感のある大型で樽型の有孔鍔付土器。器膚は荒れているが、本来は丹念に磨きこまれていたことが、所々に残る当時の膚からわかる。口縁直下に開けられた孔は2孔一対で六対ある。等間隔ではなく、それぞれの高さも一定ではない。

　器面には曲線で構成された半立体的な造形があり、水煙渦巻文深鉢（井戸尻の縄文土器③　ID-040）の装飾を平面的に押し付けたような印象すら受ける。当該期の有孔鍔付土器の中でもその大きさと重量感、文様の複雑さで群を抜く作品である。

（井戸尻考古館　小松隆史）

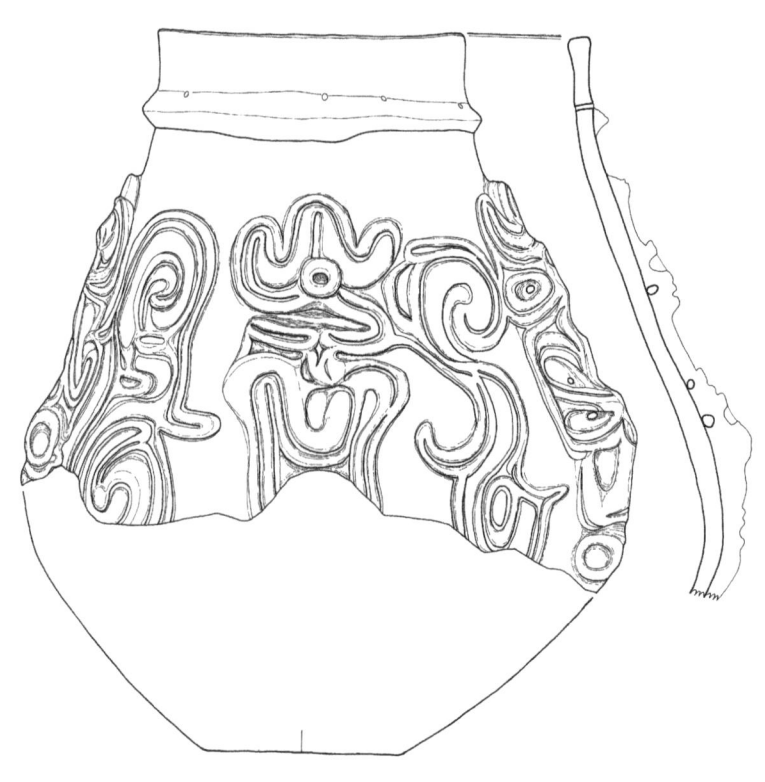

有孔鍔付樽（ゆうこうつばつきだる）

有孔鍔付樽（ゆうこうつばつきだる）

有孔鍔付樽（ゆうこうつばつきだる）

図録 井戸尻の縄文土器 全8巻

本図録は、アマゾンのサイトからご購入いただけます。
- カラー・ハードカバー版：http://www.amazon.com/ ； http://www.amazon.co.jp/
- モノクロ・カラー ペーパーバック版：http://www.amazon.co.jp/
- Kindle 固定カラー版： http://www.amazon.co.jp/

　井戸尻考古館では、主として縄文土器・土偶に関し、かねてより発掘資料の画像データベース化を進めてきましたが、この度、一般向けに遺跡別の図録をオンデマンド出版のかたちで刊行することになりました。写真については画像データベース構築の際に撮影した多視点画像のうち、土器ごとに最小3点を選び、1ページに1点という方針で割り付けることに」しています。遺跡ならびに土器については、藤森栄一編「井戸尻」、富士見町教育委員会編「藤内」「曽利」「唐渡宮」など各遺跡の調査報告書を基に井戸尻考古館が解説を加えています。

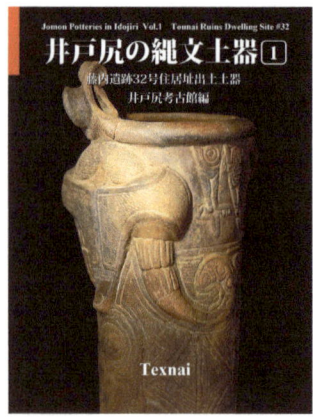

第1巻
藤内遺跡32号住居址出土土器
10点
レターサイズ　64ページ
既刊

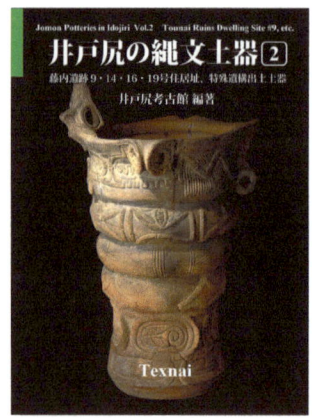

第2巻
藤内遺跡9・14・16・19号
住居址・特殊遺構出土土器15点
レターサイズ　76ページ
既刊

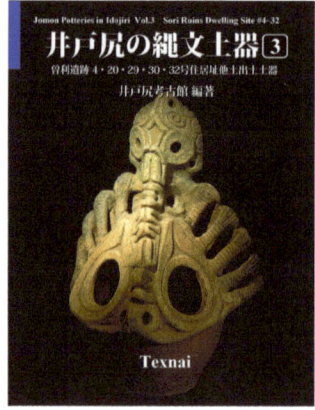

第3巻
曽利遺跡4・20・29・30・32号
住居址他出土土器 12点
レターサイズ　64ページ
既刊

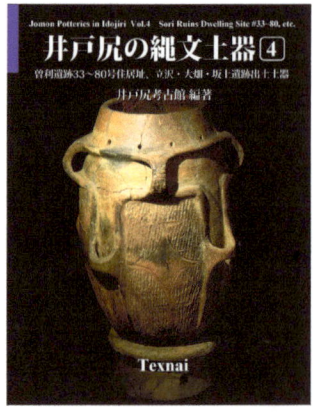

第4巻
曽利遺跡33～80号住居址、立沢・大畑・坂上遺跡出土土器 13点
レターサイズ　68ページ
既刊

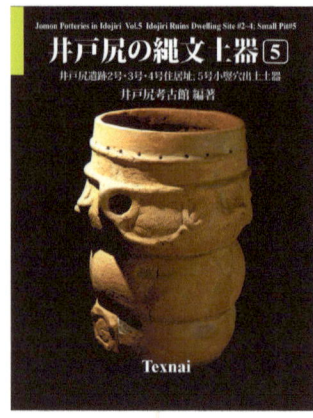

第5巻
井戸尻遺跡2号・3号・4号・5号住居址出土土器 11点
レターサイズ　64ページ
既刊

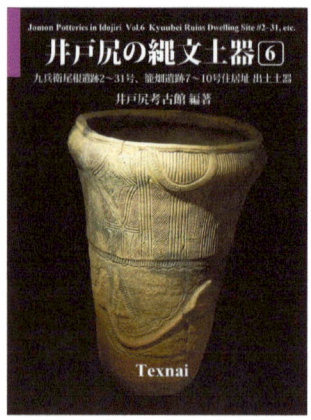

第6巻
九兵衛尾根遺跡2～31号、籠畑遺跡7～10号住居址 出土土器 14点
レターサイズ　70ページ
既刊

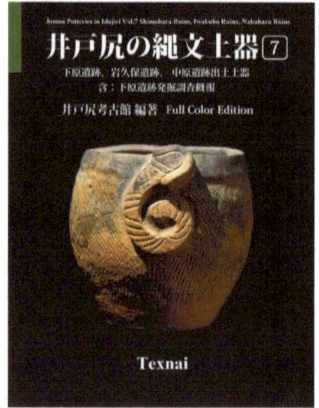

第7巻
下原遺跡、岩久保遺跡、中原遺跡出土土器 ＜含：下原遺跡発掘調査概報＞ 10点
レターサイズ　64ページ
既刊

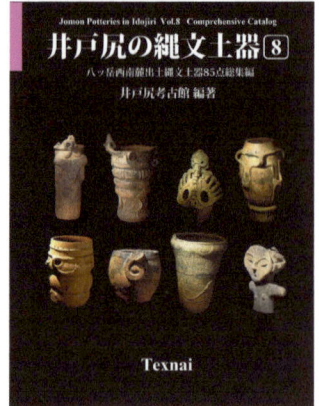

第8巻
井戸尻の縄文土器　総集編85点
レターサイズ　448ページ
近刊

※ 近刊のページ数、内容・掲載土器点数は予告なく変更される場合があります。

編著：長野県富士見町井戸尻考古館　　発行元：株式会社テクネ　〒211-0051 神奈川県川崎市中原区宮内4-7-3 - 505 Tel: 044-863-9545(代)

www.ingramcontent.com/pod-product-compliance
Lightning Source LLC
Chambersburg PA
CBHW041410010526
44107CB00015B/1129